W0226731

Achevé d'imprimer en Malaisie, octobre 2000

Petit Mémento du Vin

•POIDS PLUME•

Les différents types de vin

Alors que la classification européenne ne connaît que deux catégories de vin : les VQPRD (vins de qualité produits dans une région déterminée) et les vins de table, en France, on en distingue quatre types : les AOC (appellation d'origine contrôlée), les VDQS (vins délimités de qualité supérieure), les vins de pays et les vins de table.

■ **Les vins de table** peuvent résulter d'assemblage de vins de différentes régions de France (vin de table français) ou de différents pays de l'Union européenne (vin de table de l'UE), sans autre indication géographique. Ils sont en général commercialisés sous le nom d'une marque.

■ **Les vins de pays** portent une indication de provenance et obéissent à des règles strictes sur l'encépagement, le rendement (80-90 hl/ha), le degré alcoolique. Dégustation et analyse précèdent leur commercialisation.

■ **Les VDQS**, avec les AOC, font partie des VQPRD européens. Leur dénomination fait référence à leur terroir, et les conditions de leur production sont soumises à des contraintes : aire, cépages, rendement, modes de culture, etc.

■ **Les AOC,** créées en 1935, reflètent la conception française des vins de qualité. La renommée de certains vins a amené les vignerons à s'imposer des conditions de production et à faire protéger leur appellation. La réglementation des AOC précise la délimitation de l'aire des parcelles, les cépages, le degré, le rendement, les modes de culture, la vinification, etc.

Les cépages

Les plants de vigne appartiennent tous au genre *Vitis*. Et tous les cépages actuellement cultivés dans le monde – environ 150 sur plus de 6 000 variétés – proviennent de *Vitis vinifera*. Les noms des cépages apparaissent ici en italiques grasses.

CHATE
1

U MARGAUX
967

LA VINIFICATION

Le principe de base de toute vinification est la fermentation du raisin pendant laquelle le sucre est transformé en alcool sous l'action de levures présentes sur les raisins eux-mêmes. Quand il reste peu de sucre résiduel, on dit que le vin est sec. En phase suivante survient la fermentation malolactique (l'acide malique est transformé en acide lactique). Cette transformation abaisse l'acidité et assouplit les vins.

Les vins rouges

Les raisins noirs, éraflés ou non, sont foulés et versés dans une cuve où ils macéreront dans le **moût** (jus) en fermentation (de trois jours à quelques semaines) à une température de cuve de 20-30 °C. Si le raisin n'est pas assez mûr, il est permis d'ajouter du sucre pour améliorer le moût (**chaptalisation**). Après cette fermentation, on sépare le **marc** (matières solides) du moût. Le **vin de goutte** en est extrait par soutirage (transvasement avec rejet des dépôts). Le marc est porté au pressoir pour obtenir le **vin de presse**. Le vin de goutte et le vin de presse sont alors généralement mélangés afin d'effectuer une fermentation complémentaire. La coloration des vins rouges est due à l'extraction des pigments des pellicules (peau) et des tanins provenant des pépins ou des rafles des raisins.

La macération carbonique permet de vinifier directement les raisins non foulés, versés, juste après avoir été vendangés, dans la cuve de fermentation remplie de gaz carbonique, ce qui élimine toute présence d'oxygène. Les grains de raisin qui se trouvent dans le fond de la cuve, écrasés et éclatés par le poids de la vendange, commencent alors à fermenter sans oxygène. On obtient ainsi en un temps plus court un vin fruité, léger et prêt à être consommé jeune, tel le **beaujolais nouveau**.

Les vins blancs

Les raisins blancs, ou les noirs à pulpe blanche, éraflés, sont pressés pour séparer les pellicules et les pépins. Le moût légèrement sulfité (par ajout de soufre sous forme d'anhydride sulfureux) est débourbé (débarrassé des parties en suspension) puis mis en fermentation lente à basse température de cuve à 15-20 °C.

Les pigments étant localisés dans la pellicule, on peut aussi obtenir du vin blanc à partir de raisins noirs. Une certaine acidité étant la caractéristique des vins blancs, la phase de fermentation malolactique peut être évitée pour cette vinification.

Les vins rosés

En France, il n'est pas permis d'assembler un vin rouge et un vin blanc pour obtenir un rosé (sauf pour le champagne). Les rosés sont obtenus suivant différentes techniques : soit par une vinification en blanc à partir de raisins noirs fortement colorés (**vin gris**, par exemple), soit par une vinification en rouge à partir de cépages peu teintés (**clairet**, **arbois**, par exemple), soit par la technique de la saignée qui consiste en une macération courte et un décuvage précoce pendant la fermentation. Dès qu'une légère coloration est obtenue, on enlève les peaux et on termine la fermentation.

Les vins moelleux ou liquoreux et les vins doux naturels

Les moelleux sont élaborés à partir de raisins blancs très riches en sucre parfois sous l'influence du *Botrytis cinerea* (pourriture noble), ou vendangés tardivement, passerillés ou dessiqués sur le cep (**sauternes**), ou bien sur claies ou sur paille (**vin de paille**). Il est nécessaire d'arrêter la fermentation alcoolique soit par soutirage soit par clarifications répétées, afin que le moût conserve une certaine teneur en sucre. Pour les vins doux naturels (VDN), on ajoute de l'eau-de-vie au moût en fermentation : c'est le **mutage.**

Le champagne

On vinifie le raisin comme pour obtenir un blanc sec auquel on additionne la **liqueur de tirage**, constituée surtout de sucre et de levures. On met le moût en bouteilles où une deuxième fermentation reprend, c'est la caractéristique de la vinification selon la méthode champenoise ou méthode traditionnelle.
Quand elle est achevée (après plusieurs mois), on fait descendre le dépôt sur le bouchon qui est alors chassé par l'action de dégorgeage : le vide laissé par le dépôt est rempli par la **liqueur d'expédition**, préparée avec un vieux champagne dans lequel est dissous du sucre.
Les **crémants** sont élaborés suivant la méthode traditionnelle mais proviennent des régions autres que la Champagne (crémants d'Alsace, de Bourgogne, de Bordeaux, de Loire, etc.).

TABLEAU DES MEILLEU

Vins	Années	1945	1947	1949	1955	1959
BORDEAUX	ROUGES	E	TB	M	E	TB
	BLANCS	B	B	M	E	B
	MOELLEUX	E	E	B	TB	TB
BOURGOGNE	ROUGES	E	TB	TB	B	TB
	BLANCS	TB	TB	TB	TB	TB
CÔTES-DU -RHÔNE	ROUGES	E	E	E	B	B
	BLANCS	E	B	B	B	B
LOIRE	ROUGES	-	E	E	B	TB
	BLANCS	TB	E	E	M	B
ALSACE		TB	E	E	TB	TB
CHAMPAGNE		-	E	-	TB	B

M = année moyenne B = bonne année

RES ANNÉES DEPUIS 1945

1962	1964	1966	1967	1969	1970	1971	1975	1976	1978	1983	1985	1986	1988	1989	1990	1995
M	B	TB	M	M	E	B	TB	TB	TB	B	E	TB	B	E	E	TB
B	B	B	B	B	TB	M	B	B	B	B	TB	B	B	TB	B	TB
B	-	B	TB	M	E	B	B	B	B	M	B	TB	M	E	E	B
M	B	B	B	B	B	M	-	TB	E	B	TB	B	M	B	TB	B
B	M	B	M	TB	B	M	-	-	B	B	TB	TB	M	E	B	TB
B	M	B	B	M	B	-	M	B	E	B	B	M	B	B	TB	TB
M	M	B	M	M	B	-	M	B	B	B	B	M	B	B	TB	TB
M	M	M	M	B	B	TB	M	E	TB	M	TB	-	B	E	TB	TB
TB	TB	-	M	B	M	B	B	-	TB	B	-	-	-	TB	TB	TB
B	B	B	B	TB	B	B	B	E	TB	E	E	B	B	TB	TB	B
M	B	B	M	B	M	B	M	B	M	B	B	M	B	TB	E	B

TB = très bonne année E = excellente année

GRAND VIN
1961
FRANCE
MARGAUX CONTROLEE
GRAND VIN

Quelques chiffres

Surface : 119 000 ha en AOC. Production : 6,3 millions d'hl. Jusqu'en 1970, les vins blancs étaient dominants. Aujourd'hui à la demande du marché, 80 % sont des vins rouges. Une cinquantaine d'appellations d'origine. Depuis 1911, l'appellation *bordeaux* est réservée aux vignobles du département de la Gironde.

Le vignoble

Les fleuves guident la distinction des diverses sous-régions du Bordelais. Ci-dessous, pour chaque sous-région, les appellations sont entre parenthèses et en italique, comme les crus (noms des vins).

- **Les vignobles de la rive gauche**

(de la Garonne et de la Gironde) :
Médoc (*haut-médoc, margaux, moulis, listrac, st-julien, pauillac, st-émilion, médoc*) ; Graves (*pessac-léognan, dans les graves*) ;
Sauternais (*cérons, barsac, sauternes, graves*).

- **Les vignobles de l'« entre-deux-mers »**

(entre la Garonne et la Gironde) :
Entre-deux-Mers (*premières côtes-de-bordeaux, ste-foy-bordeaux, graves-de-vayres, cadillac, loupiac, ste-croix-du-mont, côtes-de-bordeaux-st-macaire, haut-benauge, bordeaux supérieur entre-deux-mers*).

- **Les vignobles de la rive droite**

(de la Dordogne et de la Gironde) :
Libournais (*fronsac, canon-fronsac, pomerol, lalande-de-pomerol, st-émilion, montagne-st-émilion, lussac-st-émilion, puisseguin-st-émilion, st-georges-st-émilion, bordeaux-côtes-de-francs, côtes-de-castillon*) ;
Blayais-Bourgeais (*côtes-de-blaye, côtes-de-bourg*).

Les cépages et les vins

Au même titre que le terroir, l'encépagement explique les différences qualitatives des vins de Bordeaux.

Les vins rouges et rosés

• Le ***merlot*** : 50 % de l'encépagement rouge, riche en arômes (fruits noirs notamment).

• Le ***cabernet-sauvignon*** : 27 %, grand pouvoir colorant (arôme végétal, de sous-bois, champignons…).

• Le ***cabernet franc*** : 15 % (arômes végétaux, poivron vert) à forte dominance tannique. C'est un cépage qui s'adapte à beaucoup de terroirs (Touraine, Languedoc-Roussillon, Australie, Californie).

• Le ***cot*** ou ***malbec*** apporte un caractère plus rond au vin, le ***petit verdot*** plus de couleur et du tanin, et le ***carmenere***.

Les rouges sont des vins de garde ou de moyenne garde. Les *bordeaux* rosés et *bordeaux* clairet représentent 80 000 hl. Ils ressemblent aux vins rouge clair que les Anglais importaient sous le nom de « claret ». Ces vins sont des rosés de saignée.

Les vins blancs

• Le ***sémillon*** : 53 % de l'encépagement blanc, caractérisé par un arôme de fleurs blanches (tilleul). Il apporte un équilibre gustatif entre moelleux et alcool.

• Le ***sauvignon*** : environ 10 % ; sa présence est en forte progression.

• La ***muscadelle*** : 8 %, est un cépage très aromatique (musqué).

On peut également citer l'***ugni blanc***, le ***colombard*** et le ***merlot blanc***.

Les vins blancs secs (17 % de la production totale) ont une typicité renforcée ces dernières années par l'utilisation de la macération pelliculaire et un pourcentage plus élevé de *sauvignon*. Les vins blancs moelleux (3 % de la production totale) sont des vins de sélection de grains nobles. Les *crémants* de Bordeaux, créés en 1990, ont succédé aux *mousseux*.

Les *sauternes*, dont le fameux *château d'yquem*, sont élaborés à partir de ***sémillon*** (en grande majorité), de ***muscadelle*** et de ***sauvignon***.

EN BOUTEILLE AU CHATEAU
EAU BEYCHEVEL
Grand Vin 1852
ELLATION St JULIEN CONTROLEE
ACHILLE - FOULD

Hiérarchie des vins de Bordeaux

Appellations régionales : *bordeaux*, *bordeaux supérieur*, *crémant*.
Appellations sous-régionales : *médoc*, *haut-médoc*, *graves*, *sauternes*, *entre-deux-mers*, *st-émilion*, *pomerol*, *côtes-de-bourg*…
Appellations communales : *st-estèphe*, *pauillac*, *st-julien*, *listrac*, *margaux*, *moulis* dans le Haut-Médoc ; *pessac-léognan* dans les graves.
Les crus classés : dans le Bordelais, la notion de « cru » s'identifie à une propriété privée, un « château », et non au terroir comme en Bourgogne.

Pour bien lire une étiquette : par exemple, Château Cos d'Estournel, deuxième cru classé, appellation saint-estèphe contrôlée (ce vin vient d'un château classé et bénéficie d'une appellation communale : Saint-Estèphe). Ou bien Château Gamage, bordeaux supérieur, appellation bordeaux supérieur contrôlée (ici le nom du château ne fait partie d'aucun classement, c'est un vin générique, mais de dénomination « supérieure »).

Classement des crus de vins rouges du Médoc (de 1855, révisé en 1973)

Les communes de production, indiquées entre parenthèses, sont parfois distinctes de l'appellation du cru.

Premiers crus

• *Chât. lafite-rothschild* (Pauillac) • *chât. latour* (Pauillac) • *chât. margaux* (Margaux) • *chât. mouton-rothschild* (Pauillac).

Deuxièmes crus

• *Château brane-cantenac* (Cantenac, appel. Margaux) • *chât. cos-d'estournel* (St-Estèphe) • *chât. ducru-beaucaillou* (St-Julien) • *chât. durfort-vivens* (Margaux) • *chât. gruaud-larose* (St-Julien)

• *chât. lascombes* (Margaux) • *chât. léoville-barton* (St-Julien)
• *chât. léoville-las-cases* (St-Julien) • *chat. léoville-poyferré* (St-Julien)
• *chât. montrose* (St-Estèphe) • *chât. pichon-longueville-baron* (Pauillac)
• *chât. pichon-longueville comtesse-de-lalande* (Pauillac)
• *chât. rauzan-gassies* (Margaux) • *chât. rauzan-ségla* (Margaux).

Troisièmes crus

• *Château boyd-cantenac* (Cantenac, appel. Margaux)
• *chât. cantenac-brown* (Cantenac, appel. Margaux)
• *chât. calon-ségur* (St-Estèphe) • *chât. desmirail* (Margaux)
• *chât. ferrière* (Margaux) • *chât. giscours* (Labarde, appel. Margaux)
• *chât. d'issan* (Cantenac, appel. Margaux)
• *chât. kirwan* (Cantenac, appel. Margaux) • *chât. lagrange* (St-Julien)
• *chât. la lagune* (Ludon, appel. Haut-Médoc)
• *chât. langoa-barton* (St-Julien) • *chât. malescot-st-exupéry* (Margaux)
• *chât. marquis-d'alesme-becker* (Margaux) • *chât. palmer* (Cantenac, appel. Margaux).

Quatrièmes crus

• *Château beychevelle* (St-Julien) • *chât. branaire-ducru* (St-Julien)
• *chât. duhart-milon* (Pauillac) • *chât. lafon-rochet* (St-Estèphe)
• *chât. marquis-de-therme* (Margaux) • *chât. pouget* (Cantenac, appel. Margaux)
• *chât. prieuré-lichine* (Cantenac, appel. Margaux)
• *chât. st-pierre-sevaistre* (St-Julien) • *chât. talbot* (St-Julien)
• *chât. la tour-carnet* (St-Laurent-Haut-Médoc).

Cinquièmes crus

• *Château d'armailhacq* (Pauillac) • *chât. batailley* (Pauillac)
• *chât. belgrave* (St-Laurent, appel. Haut-Médoc)
• *chât. camensac* (St-Laurent, appel. Haut-Médoc)
• *chât. cantemerle* (Macau, appel. Haut-Médoc) • *chât. clerc-milon* (Pauillac)
• *chât. cos-labory* (St-Estèphe) • *chât. croizet-bages* (Pauillac) • *chât. dauzac* (Labarde)
• *chât. grand-puy-ducasse* (Pauillac) • *chât. grand-puy-lacoste* (Pauillac)
• *chât. haut-bages-libéral* (Pauillac) • *chât. haut-batailley* (Pauillac)
• *chât. lynch-bages* (Pauillac) • *chât. lynch-moussas* (Pauillac)
• *chât. pédesclaux* (Pauillac) • *chât. pontet-canet* (Pauillac) • *chât. du-tertre* (Arsac).

Crus bourgeois
Leur mention est facultative sur l'étiquette. Ils expriment près de 50 % de la production totale du Médoc et pour environ 300 propriétés représentant 350 marques.

Crus paysans ou crus artisans
Dénominations traditionnelles, ces catégories représentent 10 % de la production (avec un rapport qualité/prix appréciable).

Classement officiel des graves (1959)

Graves rouges, premier grand cru
• *Château haut-brion* (Pessac).

Graves rouges, crus classés
• *Château bouscaut* (Cadaujac) • *chât. carbonnieux* (Léognan) • *domaine de chevalier* (Léognan) • *chât. fieuzal* (Léognan) • *chât. haut-bailly* (Léognan) • *chât. la mission-haut-brion* (Talence) • *chât. latour-haut-brion* (Talence) • *chât. latour-martillac* (Martillac) • *chât. malartic-lagravière* (Léognan) • *chât. olivier* (Léognan) • *chât. pape-clément* (Pessac) • *chât. smith-haut-lafitte* (Martillac).

Graves blancs classés
• *Château bouscaut* (Cadaujac) • *chât. carbonnieux* (Léognan) • *domaine de chevalier* (Léognan) • *chât. couhins* (Villenave-d'Ornon) • *chât. couhins-lurton* (Villenave-d'Ornon) • *chât. haut-brion* (Pessac) • *chât. latour-martillac* (Martillac) • *chât. laville-haut-brion* (Talence) • *chât. malartic-lagravière* (Léognan) • *chât. olivier* (Léognan).

Classement des crus de vins blancs sauternes et barsac (1855)

Premier cru supérieur
• *Château d'yquem* (Sauternes).

Premiers crus
Château climens (Barsac) • *chât. coutet* (Barsac) • *chât. guiraud* (Sauternes) • *chât. lafaurie-peyraguey* (Bommes) • *chât. la tour-blanche* (Bommes) • *clos haut-Peyraguey* (Bommes) • *chât. rabaud-promis* (Bommes) • *chât. rayne-vigneau* (Bommes) • *chât. rieussec* (Fargues) • *chât. sigalas-rabaud* (Bommes) • *chât. suduiraut* (Preignac).

Deuxièmes crus
• *Château d'arche* (Sauternes) • *chât. broustet* (Barsac) • *chât. caillou* (Barsac) • *chât. doisy-daëne* (Barsac) • *chât. doisy-dubroca* (Barsac) • *chât. doisy-vedrines* (Barsac) • *chât. filhot* (Sauternes) • *chât. lamothe-despujols* (Sauternes) • *chât. malle* (Preignac) • *chât. lamothe-guignard* (Sauternes) • *chât. myrat* (Barsac) • *chât. nairac* (Barsac) • *chât. romer* (Fargues) • *chât. romer-du-fayot* (Fargues) • *chât. suau* (Barsac).

Classement des vins de Saint-Émilion de 1955

(fait l'objet de révisions décennales)

Premiers grands crus classés

Classe A

• *Château ausone* • *chât. cheval-blanc.*

Classe B

• *Château beauséjour-duffau-lagarosse* • *chât. belair* • *chât. canon* • *clos fourtet* • *chât. figeac* • *chât. la gaffelière* • *chât. magdelaine* • *chât. pavie* • *chât. trottevieille.*

Grands crus classés

• *Château l'angelus* • *chât. baleau* • *chât. balestard-la-tonnelle* • *chât. beauséjour-bécot* • *chât bellevue* • *chât. bergat* v *chât. berliquet* • *chât. cadet-bon* • *chât. cadet-piolat* • *chât. canon-la-gaffelière* • *chât. cap-de-mourlin* • *chât. capelle-madeleine* • *chât. chauvin* • *clos des jacobins* • *clos st-martin* • *chât. corbin* • *chât. corbin-michotte* • *chât. coutet* • *chât. couvent-des-jacobins* • *chât. curé-bon-la-madeleine* • *chât dassault* • *chât. faurie-de-souchard* • *chât. fonplégade* • *chât. fonroque* • *chât. franc-mayne* • *chât. grand-barrail-lamarzelle-figeac* • *chât. grand-corbin* • *chât. grand-corbin-despagne* • *chât. grand-mayne* • *chât. grand-pontet* • *chât. grandes-murailles* • *chât. guadet-st-julien* • *chât. haut-corbin* • *chât. haut-sarpe* • *chât. jean-faure* • *chât. la carte* • *chât. la clotte* • *chât. la clusière* • *chât. la couspaude* • *chât. la dominique* • *clos de la madeleine* • *chât. lamarzelle* • *chât. laniote* • *chât. larcis-ducasse* • *chât. larmande* • *chât. laroze* • *chât. l'arrosée* • *chât. lasserre* • *chât. la tour-du-pin-figeac* • *la tour-figeac* • *chât. le chatelet* • *chât. le couvent* • *chât. le prieuré* • *chât. matras* • *chât. mauvezin* • *chât. moulin-du-cadet* • *clos. l'oratoire* • *chât. pavie-decesse* • *chât. pavie-maquin* • *chât. pavillon-cadet* • *chât. petit-faurie-de-soutard* • *chât. ripeau* • *chât. sansonnet* • *chât. st-georges-côte-pavie* • *chât. soutard* • *chât. tertre-daugay* • *chât. trimoulet* • *chât. trois-moulins* • *chât. troplong-mondot* • *chât. villemaurine* • *chât. yon-figeac.*

Classement coutumier des pomerols

Cru hors classe

• *Château pétrus.*

Premiers grands crus

Château certan-giraud • *chât. gazin* • *chât. la conseillante* • *chât. lafleur* • *chât. la fleur-pétrus* • *chât. l'évangile* • *chât. petit-village* • *chât. trotanoy* • *chât. vieux-certan.*

Grands crus

• *Château bauregard* • *chât certan-de-may* • *chât. la croix* • *chât. lagrange* • *chât. la pointe* • *chât. latour-pomerol* • *chât. l'église-clinet* • *chât. nénin* • *chât. rouget.*

Les communes de Saint-Émilion et de Pomerol sont très voisines et les vignobles des deux appellations se touchent.

LES BOURGOGNES

Quelques chiffres

Surface : 45 000 ha. Production annuelle : 2,5 millions d'hl, dont près de 2 millions de vins rouges.

La Bourgogne occupe un axe nord-sud de 200 km, de Lyon à Dijon. On distingue : la Côte-d'Or dans la partie nord (côte de Nuits et côte de Beaune) ; la côte chalonnaise ; le Mâconnais ; le Beaujolais, qui, pour des raisons réglementaires, fait partie intégrante de la Bourgogne. La région de Chablis au nord-est est un îlot viticole dans l'Yonne, aux portes de la Champagne.

Les cépages

Les vins de Bourgogne sont en général de monocépage, sauf le *passe-tout-grain.*

Pour les vins rouges, les plus importants cépages sont le ***gamay*** (Beaujolais), le ***pinot noir*** et le ***césar*** (Yonne). Pour les vins blancs, le ***chardonnay***, l'***aligoté*** et le ***sacy*** (Yonne).

Les appellations

Il existe cinq catégories de vins de Bourgogne.

• **Appellations générales** : *bourgogne* ; *bourgogne-grand-ordinaire* ou *ordinaire* ; *bourgogne-aligoté* et *passe-tout-grain* (ces vins proviennent de l'ensemble de la Bourgogne) ; *crémant-de-bourgogne.*

• Appellations régionales : *beaujolais* ; *mâcon* ; *bourgogne-côte-d'auxerre* ; *beaujolais-villages* ; *côte-de-beaune* ; *hautes-côtes-de-beaune* ; *côte-de-nuits* ; *hautes-côtes-de-nuits* ; *chablis* ; *petit-chablis* ; *bourgogne-côte-d'auxerre…*

• **Appellations communales** : le vin porte le seul nom de la commune (par exemple, *pommard*).

• **Appellations communales** premiers crus : le nom de la commune est suivi de « premier cru » (par exemple, *pommard* premier cru).

• **Appellations grands crus** : seul le nom du grand cru apparaît sur l'étiquette (par exemple, *mazis-chambertain*).

Les grands crus et les années exceptionnelles des bourgognes

Dans l'Yonne

• *Chablis grands crus :* produits à Chablis, dont les hameaux de Fyé et Ponchy. Cette appellation peut être suivie du nom du « climat » (en Bourgogne, ce terme veut dire terroir viticole) d'où provient le vin : *blanchot, bougros, les clos, grenouilles, preuses, valmur, vaudésir…* Les *chablis grands crus* sont des vins blancs issus du ***chardonnay.***
Années d'exception : 1947, 1949, 1959, 1971, 1975, 1976, 1978, 1981, 1983, 1985, 1990.

La côte de Nuits

• *Chambertin, chambertin-clos-de-bèze, chapelle-chambertin, charmes-chambertin, mazoyères-chambertin, griotte-chambertin, latricières-chambertin, mazis-chambertin, ruchottes-chambertin :* sur la commune de Gevrey-Chambertin. Ce sont des vins rouges exclusivement élaborés à partir du ***pinot.***
Années d'exception : 1947, 1949, 1953, 1955, 1959, 1961, 1969, 1971, 1976, 1978, 1983, 1985, 1990, 1995.

• *Clos-st-denis, clos-de-la-roche, clos-des-lambrays, clos-de-tart* : sur la commune de Morey-Saint-Denis. Ce sont des vins rouges provenant du ***pinot.***
Années d'exception : 1949, 1953, 1955, 1959, 1961, 1969, 1971, 1976, 1978, 1983, 1985, 1990.

• *Musigny*, à Chambolle-Musigny, et *bonnes-mares* à Chambolle-Musigny et Morey-Saint-Denis. En *musigny*, le cépage des vins rouges est le ***pinot,*** et pour les blancs le ***chardonnay.***
En *bonnes-mares*, il n'y a que du rouge.
Années d'exception : 1953, 1959, 1976, 1978, 1983, 1990.

• *Clos-vougeot* : sur la commune de Vougeot, produit des vins rouges issus du ***pinot.***

Années d'exception : 1949, 1953, 1959, 1969, 1971, 1976, 1978, 1983, 1985, 1990.

• *Échezeaux* et *grands-échezeaux* : commune de Flagey-Échezeaux. Vins exclusivement rouges issus du ***pinot.***

Années d'exception : 1953, 1959, 1969, 1971, 1976, 1978, 1981, 1986, 1989, 1990.

• *La romanée, la romanée-conti, romanée-st-vivant, richebourg, la tâche, la grand-rue* : sur la commune de Vosne-Romanée. La production est uniquement rouge avec du ***pinot***.

Années d'exception : 1953, 1959, 1969, 1971, 1976, 1978, 1983, 1985, 1988, 1990.

Côte de Beaune

• *Corton* : sur les communes d'Aloxe-Corton, Ladoix-Serrigny et Pernand-Vergelesses.
Sur l'étiquette, les climats d'origine peuvent être ajoutés à l'appellation *corton*. Sur la commune d'Aloxe-Corton : *les pougets, les languettes, le corton, les renardes, les grèves, le clos-du-roi, les chaumes, les perrières, les bressandes, les paulands, les fièvres, le meix-lallemand, clos-des-meix, les combes, la vigne-au-saint*. À Ladoix-Serrigny : *le rognet-et-corton, les moutottes, les carrières, basses-mourottes, les vergennes, les grandes-lolières, la toppe-au-vert.*
Les vins rouges, la majorité de la production, sont issus du ***pinot*** et les blancs du ***chardonnay.***

Années d'exception : 1949, 1953, 1955, 1959, 1961, 1969, 1971, 1976, 1978, 1983, 1985, 1988, 1990.

• *Corton-charlemagne, charlemagne* : à Aloxe-Corton, Ladoix-Serrigny et Pernand-Vergelesses.
Ces deux appellations produisent du blanc exclusivement avec du cépage ***chardonnay.***

Années d'exception : 1949, 1953, 1955, 1959, 1961, 1969, 1971, 1976, 1978, 1983, 1985, 1988, 1990.

• *Montrachet* et *bâtard-montrachet* à Puligny-Montrachet et à Chassagne-Montrachet ; *chevalier-montrachet* et *bienvenues-bâtard-montrachet* à Puligny-Montrachet ; *criots-bâtard-montrachet* à Chassagne-Montrachet.
Ce sont des vins blancs issus du ***chardonnay.***
Années d'exception : 1978, 1981, 1982, 1983, 1985, 1989.

LE SERVICE DU VIN

Le choix d'un vin doit être adapté à chaque situation. Un déjeuner estival, en plein air, ou un dîner chic en petit comité ne requiert pas le même souci de vins. Les meilleures bouteilles seront réservées aux vrais connaisseurs, tandis que pour une grande réception, de bons crus honnêtes et loyaux peuvent satisfaire des palais inattentifs et sollicités par divers mets.

Les grandes caractéristiques de dégustation des vins

• Vins rouges légers et souples : *bordeaux* génériques, vins de pays, *beaujolais* en primeur, *bourgogne ordinaire*, *côtes-de-provence*, *bergerac*…

• Vins rouges charpentés et fruités : *bordeaux supérieur*, *côtes-de-bourg*, *médoc*, quelques *bourgognes*, *beaujolais-villages*, *st-amour*, *chiroubles*, certains *corbières*, *st-chinian*, *bourgueil*, *côtes-du-rhône-villages*, *vins-de-corse*, etc.

• Vins rouges généreux, souples et équilibrés : *marsannay*, *savigny-lès-beaune*, *pomerol*, *margaux*, *st-estèphe*…

• Vins rouges fermes, capiteux, puissants : grands crus, premiers crus de Bourgogne ou du Bordelais, les vins de microclimats prestigieux (*hermitage*, *côte-rôtie*, *châteauneuf-du-pape*, *pomerol*, *st-émilion*, *fronsac*, *palette*…).

• Vins rosés secs et légers : vins des sables, vins de pays, *la clape*, *minervois*, *rosé de loire*, *côteaux-d'aix*, *coteaux-de-provence*.

• Vins rosés charpentés et fruités : *côtes-du-rhône*, *tavel*, *lirac*, *bandol*, *provence*, *cabernet-d'anjou*…

• Vins blancs légers, secs et fruités (acidité moyenne) : *sylvaner*, *pinot blanc d'Alsace*, *entre-deux-mers*, *bordeaux*, *minervois*, *picpoul-de-pinet*, *clairette*, *provence*, vin de pays…

• Vins blancs secs (fine acidité et fruité) : *riesling*, *bordeaux sauvignon*, *bourgogne-aligoté*, *sancerre*, *roussette-de-savoie*, *apremont*, *gros-plant*, *muscaset-de-sèvre-et-maine*, *bellet*, *cassis*, etc.

Comment servir

• L'importance du verre

Sa forme varie parfois selon les régions viticoles. Mais un verre blanc, clair et fin, dont le diamètre de l'orifice est inférieur à celui du corps (forme en tulipe ou en poire), permet de dévoiler la robe et de retenir le bouquet. Pour cela le verre de dégustation de l'INAO présente toutes les qualités.

• Le maniement de la bouteille

Les brusques changements de température peuvent réduire les qualités du vin. Il faut éviter les chocs thermiques. L'utilisation du seau à glace abaisse progressivement la température. Pour chambrer le vin (le porter à la température de la pièce), il faut l'ouvrir 4 à 6 heures avant le repas. Les blancs et les rosés seront débouchés au dernier moment, les rouges 2 à 3 heures avant leur consommation.

• Les températures idéales pour déguster

Champagne : 6-9° ; blancs liquoreux : 4-8° ; blancs secs : 8-11° ; *bourgognes* blancs : 12-13° ; les vins rosés : 9-11° ; les rouges légers : 11-12° ; *bourgognes* rouges : 13-16° ; *côte-du-rhône* : 14-16° ; *bordeaux* : 16-18°. La décantation est facultative, car son but est de séparer tout dépôt dans la bouteille.

L'ordre de service des vins

Il obéit à des règles bien définies : les blancs avant les rouges, des plus légers aux plus corsés. On servira le vin le plus jeune avant le plus vieux et la qualité moyenne avant la plus prestigieuse. La température doit aller du rafraîchi au chambré.

L'ALLIANCE DES METS ET DES VINS

Le mariage d'un vin et d'un plat peut se faire dans un but d'harmonie, mais également pour rechercher un contraste ou un rafraîchissement. L'accord doit se faire aussi bien au niveau des saveurs que des arômes, et aussi en tenant compte des origines des produits : un vin régional doit correspondre à un plat régional, un vin prestigieux à un plat prestigieux.
Cependant, il existe des accords difficiles : avec les plats en vinaigrette, les œufs ou les potages, par exemple.

Entrées

Avec les potages de légumes, les salades à la vinaigrette, les asperges et les œufs, on se contentera de proposer de l'eau fraîche.

- Charcuterie : vin rouge léger ou rosé agréable en bouche (*beaujolais*, *touraine*, *côtes-du-rhône*, *tavel rosé*).
- Terrine de gibier : vin rouge corsé (*coteaux-d'aix*, *côtes-du-rhône-villages*…).
- Foie gras d'Alsace : blanc parfumé (*tokay*, *gewurztraminer*, vendange tardive).
- Foie gras des Landes : *sauternes*, *layon*, *quart-de-chaumes*, ou rouge tannique pour gommer le foie gras en fin de repas.
- Melon salé : blanc sec (*bellet*, *st-joseph*).
- Melon sucré : VDN, *muscat* (*beaumes-de-venise*).

Plats principaux

- Fruits de mer : vin blanc sec (*picpoul-de-pinet*, *cassis*, *jurançon sec*…).
- Tartare de saumon : blanc sec et fruité (*st-joseph*, *graves blancs*, *sancerre*).
- Huîtres au citron : blanc jeune, acide, nerveux (*muscadet*, *gros-plant*).
- Crustacé à la nage ou à l'armoricaine : blanc sec (*châteauneuf-du-pape*, *hermitage*, *corton-charlemagne*, *condrieu*…).
- Poissons grillés ou meunières : blanc sec et nerveux (*muscadet-sur-lie*, *crozes-hermitage*…).
- Poissons en sauce ou crème : blanc moelleux (*château-grillet*, *vouvray*, *jurançon sec*).
- Gibiers à plumes : vin rouge généreux, délicat et souple (*st-estèphe*, *mercurey*, *crozes-hermitage*…).
- Gibiers à poils (sanglier, lièvre…) : vin rouge capiteux (*châteauneuf-du-pape*, *pommard*, *clos-vougeot*…).
- Viandes blanches : vin rouge léger (*bourgueil*), blanc léger (*côtes-du-rhône*).
- Agneau suivant la région d'origine : vin rouge assez capiteux, parfumé et élégant (*tokay-pinot-gris*, *morgon*, *st-chinian*, *côtes-du-rhône*).
- Volaille : vin rouge léger (*sancerre*, *bordeaux générique*).
- Poulet rôti : vin rouge léger (*sancerre*, vin de pays).
- Viandes rouges en sauce : vin rouge au bouquet prononcé, charpenté (*st-émilion*, *nuits-st-georges*…).
- Grillades (bifteak, rôti, paupiette, etc.) : vin rouge charpenté et fruité (*bordeaux*, *fronsac*, *anjou*, *provence*, *buzet*, *côtes-du-rhône*…).

Fromages

Les vins et les fromages d'une même région s'accordent souvent.

- Les fromages à pâte dure (gruyère, emmental, comté) : vin rouge et blanc sec charpenté (en rouge : *pinot noir*, *bordeaux supérieur*, *pauillac*, *pommard*, *chinon* ; en blanc : *jura*, *seyssel*, *apremont*, *mâcon-villages*, *muscadet-sur-lie*).

• Les fromages à pâte semi-dure (tomme, cantal, st-nectaire…) : vins rouges légers, vin blanc et rosé fruités (en rouge : *beaujolais, vin de pays merlot, cabernet-sauvignon* ; en rosé : *côtes-de-provence, coteaux-d'aix, tavel* ; en blanc : *apremont, saumur, muscadet*).
• Les fromages à pâte molle (camembert, brie, reblochon…) : vin rouge aromatique, charpenté et fruité (*médoc, st-émilion, fronsac, santenay, rully, brouilly, morgon, st-amour, anjou, vins de pays, fitou, côtes-du-rhône-villages, gigondas, madiran*).

Entremets et desserts

D'une manière générale, les vins doux naturels et le *champagne* demi-sec s'accordent bien avec les desserts. Seules les glaces et les sorbets seront systématiquement servies avec de l'eau.
• Dessert au chocolat : *banyuls*.
• Tarte chaude aux pommes : VDN, *muscat-des-beaumes-de-venise*.

Crédit photographique

Couverture : C. Sarramon.
C. Sarramon : p. 12 ; p. 15.
TOP/Amiard : p. 31 (caves de l'Hôtel Ritz).
TOP/Boubat : p. 20.
TOP/Charbonnier : p. 32.
TOP/Demail : p. 29.
TOP/Ducasse : p. 10-11 (cave Barton et Guestier).
TOP/Godeau : p. 23 (caves de Château Lafite).
TOP/Hussenot : p. 5.
TOP/Rock/CEPHAS : p. 6-7 (bouteille 1967 dans les caves du Château Margaux) ; p. 25 (caves de J.-F. Coche-Dury à Meursault).
TOP/Winkelmann : p. 3.

Texte

Jackie Baldwin

Correction

Fella Saïdi-Tournoux